あなたの心と体を守る

性の知識 1

〜生命の安全教育〜

自分を守るために大切なこと

監修

良 香織

ポプラ社

はじめに

～この本《ほん》を手《て》にとってくださったみなさまへ

2023年《ねん》4月《がつ》から「生命（いのち）の安全教育《あんぜんきょういく》」が全国《ぜんこく》の学校《がっこう》で始《はじ》まりました。これは、だれもが性犯罪《せいはんざい》や性暴力《せいぼうりょく》の被害者《ひがいしゃ》、加害者《かがいしゃ》、傍観者《ぼうかんしゃ》にならないための学習《がくしゅう》です。

性暴力《せいぼうりょく》とは、次《つぎ》の権利《けんり》が守《まも》られないことです。

・わたしの体《からだ》はわたしのものである
・体《からだ》や心《こころ》、人間関係《にんげんかんけい》のことをたくさん学《まな》んで、どうするかを自分《じぶん》で選《えら》んで決《き》めることができる

これは人権《じんけん》に大《おお》きくかかわることです。でも残念《ざんねん》ながら、この世界《せかい》には人権《じんけん》が十分《じゅうぶん》に大切《たいせつ》にされているとはいえないことがまだまだたくさんあります。

そこで、人権《じんけん》を大切《たいせつ》にした社会《しゃかい》づくりのために、いろいろな大人《おとな》たちが考《かんが》え、話《はな》しあって、この本《ほん》を作《つく》りました。人権《じんけん》が大切《たいせつ》にされれば、性暴力《せいぼうりょく》の被害者《ひがいしゃ》、加害者《かがいしゃ》、傍観者《ぼうかんしゃ》はいなくなるでしょう。

だれもが幸《しあわ》せに生《い》きるために、子《こ》どもも大人《おとな》も、いろいろな立場《たちば》の人《ひと》といっしょに、学《まな》びあえればと願《ねが》っています。あなたもぜひ参加《さんか》してください。

艮《うしとら》　香《か》織《おり》（宇《う》都《つの》宮《みや》大《だい》学《がく》教《きょう》員《いん》、性《せい》教《きょう》育《いく》・人《じん》権《けん》教《きょう》育《いく》を研《けん》究《きゅう》している大人《おとな》）

先生《せんせい》・保護者《ほごしゃ》の方《かた》へ

性犯罪《せいはんざい》・性暴力対策《せいぼうりょくたいさく》の一環《いっかん》である「生命（いのち）の安全教育《あんぜんきょういく》」事業《じぎょう》が、2023年《ねん》4月《がつ》から本格実施《ほんかくじっし》となりました。子《こ》どもたちが性犯罪《せいはんざい》・性暴力《せいぼうりょく》の被害《ひがい》者《しゃ》、加害者《かがいしゃ》、傍観者《ぼうかんしゃ》にならないための教《きょう》育《いく》で、全国《ぜんこく》の学校《がっこう》で進《すす》められています。

この取《と》り組《く》みは、子《こ》どもたちの発達段《はったつだん》階《かい》や学校《がっこう》の状況《じょうきょう》をふまえて、各学校《かくがっこう》の判《はん》断《だん》で教育課程内外《きょういくかていないがい》の活動《かつどう》を通《とお》して実施《じっし》することができます。また、教材《きょうざい》の内容《ないよう》は各学校《かくがっこう》や地域《ちいき》の状況等《じょうきょうとう》に応《おう》じて、適宜加《てきぎか》除《じょ》や改変《かいへん》を行《おこな》った上《うえ》での使用《しよう》も可能《かのう》となっています。つまりは学校《がっこう》や地域《ちいき》の裁《さい》量《りょう》にゆだねられています。とはいえ、子《こ》どもや地域《ちいき》の現状《げんじょう》にあわせて編成《へんせい》をといながらも、何《なに》を大切《たいせつ》にして、どのように進《すす》めたらよいか、迷《まよ》っておられる先生《せんせい》や学校《がっこう》もあるのではないかと思《おも》います。

国連《こくれん》の組織《そしき》「UN Women」による性暴《せいぼう》力《りょく》の定義《ていぎ》（2012）は、「bodily integrity とsexual autonomy の侵害《しんがい》」とされています。bodily integrityは「わたしの体《からだ》はわたしのものであるということ（誰《だれ》にも侵害《しんがい》されない：身体保全《しんたいほぜん》）」、sexual autonomyは「性《せい》に関《かん》する情報《じょうほう》を得《え》た上《うえ》で、自分《じぶん》で選《えら》び、決定《けってい》すること」という意味《いみ》であり、人権《じんけん》と切《き》り離《はな》せない用語《ようご》として成立《せいりつ》しています。そう考《かんが》えたとき、「生命（いのち）の安全教育《あんぜんきょういく》」を進《すす》めるにあたって、人権《じんけん》のしっかりとした理解《りかい》とセットで取《と》り組《く》む必要《ひつよう》があるといえます。性暴力防止《せいぼうりょくぼうし》の取《と》り組《く》みを通《とお》して、子《こ》どもの権利《けんり》を保障《ほしょう》するとはどういうことなのか、そして先生《せんせい》や保護者《ほごしゃ》などの大人《おとな》で連携《れんけい》するとはどういうことなのか、あらためて見《み》つめることになります。

そして幼児期《ようじき》から青年期《せいねんき》にかけて、性《せい》暴力《ぼうりょく》を切《き》り口《くち》とした性《せい》と人権《じんけん》の学《まな》びが積《つ》み重《かさ》ねられることによって、生涯《しょうがい》を通《つう》じた人権《じんけん》の理解《りかい》の基礎《きそ》となりうるのではないかと考《かんが》えています。子《こ》どもも大人《おとな》も、いろいろな立場《たちば》のみなさま、誰《だれ》もが幸《しあわ》せに生《い》きるためにどうすればよいかを学《まな》びあうために、この本《ほん》が活用《かつよう》されることを願《ねが》っています。

艮《うしとら》　香《か》織《おり》（宇《う》都《つの》宮《みや》大《だい》学《がく》教《きょう》員《いん》）

もくじ

この本《ほん》でアドバイスしてくださる先生《せんせい》

いろいろな立場《たちば》の方々《かたがた》から「ケーススタディ」のまんがについて解説《かいせつ》していただきました。

良《うしとら》 香織《かおり》さん
包括的性教育《ほうかつてきせいきょういく》の研究者《けんきゅうしゃ》。性《せい》や人《じん》権《けん》についての専門家《せんもんか》で、大学《だいがく》で教《おし》えています。

遠藤《えんどう》 真紀子《まきこ》さん
中学校養護教諭《ちゅうがっこうようごきょうゆ》。保健室《ほけんしつ》で病気《びょうき》やけがの手当《てあ》てのほか、なやみを聞《き》いていっしょに考えたりしています。

上谷《かみたに》 さくらさん
弁護士《べんごし》。性犯罪《せいはんざい》の被害者《ひがいしゃ》を助《たす》ける仕事《しごと》をしています。

早乙女《さおとめ》 祥子《しょうこ》さん
性暴力被害当事者団体共同代表《せいぼうりょくひがいとうじしゃだんたいきょうどうだいひょう》。被害者《ひがいしゃ》が生《い》きやすい社会《しゃかい》を目指《めざ》して活動《かつどう》しています。

杉浦《すぎうら》 恵美子《えみこ》さん
スクールカウンセラー。中学校《ちゅうがっこう》で、みんなの話《はなし》や困《こま》ったことをていねいに聞《き》いて、解決《かいけつ》に向《む》けていっしょに考《かんが》えています。

知《し》っておきたい 4 大切《たいせつ》なこと

知《し》っておきたい 5 大切《たいせつ》なこと

だれにでも『人権《じんけん》』があります。『体《からだ》の権利《けんり》』も人権《じんけん》のひとつです

人《ひと》はだれでも生《う》まれたときから
幸《しあわ》せになる権利《けんり》があり
人間《にんげん》らしく生《い》きる権利《けんり》＝「人権《じんけん》」があります。
人権《じんけん》は、国《くに》から保障《ほしょう》されているものです。
では「人間《にんげん》らしく生《い》きる」とは
どんなことでしょう？
それは、だれもがみんな自分《じぶん》の生《い》き方《かた》を
自由《じゆう》に選《えら》び、決《き》めていけることです。
そのためには、それができるための
社会《しゃかい》の仕組《しく》みも必要《ひつよう》です。
学校《がっこう》などで「学《まな》ぶこと」も
そんな社会《しゃかい》の仕組《しく》みのひとつなのです。
この本《ほん》では「体《からだ》の権利《けんり》」を守《まも》るために
どうしていけばよいかを学《まな》んでいきましょう。

「人権《じんけん》」ってどんなこと？

人《ひと》が幸《しあわ》せに生《い》きていくために守《まも》られるべき「人権《じんけん》」とは、たとえば下《した》のようなことです。あなたにも、ほかの人《ひと》にも等《ひと》しくある権利《けんり》です。自分《じぶん》にどんな権利《けんり》があるかを知《し》って、使《つか》っていくことが大切《たいせつ》です。そしてもし、あなたの権利《けんり》が守《まも》られていないときは「守《まも》られていません！」と声《こえ》をあげることができます。

もっとこんな権利《けんり》が必要《ひつよう》だと感《かん》じたら、新《あたら》しく作《つく》ろうと声《こえ》をあげましょう。そうして世《よ》の中《なか》はよい方向《ほうこう》に変《か》わってきました。そして、あなたもそのように世《よ》の中《なか》をよくしていくためのメンバーのひとりなのです。

- 安全《あんぜん》なところでくらす
- 清潔《せいけつ》に保《たも》たれる
- 相談《そうだん》する人《ひと》がいる
- 子《こ》ども同士《どうし》で遊《あそ》べる
- 秘密《ひみつ》にしたいことが秘密《ひみつ》のまま守《まも》られる
- 病気《びょうき》のときに病院《びょういん》へ行《い》ける
- ぎゃくたいされない
- いじめられない
- 考《かんが》えていることが言《い》える
- 体《からだ》の学習《がくしゅう》ができる
- いやだと言《い》える
- だれかの考《かんが》えをおしつけられない

わたしはわたしの体《からだ》の主人公《しゅじんこう》。だれにでも「体《からだ》の権利《けんり》」があります

あなたの体《からだ》の主人公《しゅじんこう》はあなたです。あなたとまったく同《おな》じ人《ひと》はいません。何《なに》か特別《とくべつ》なことをしなくても、あなたは生《い》きているだけで、特別《とくべつ》な存在《そんざい》なのです。そして、次《つぎ》の1～6のような「体《からだ》の権利《けんり》」をもっています。

どれも大切《たいせつ》なことですが、「あなたの体《からだ》はあなただけのもので、あなたの許可《きょか》をとらずにあなたの体《からだ》をさわったり、見《み》たりすることはできない」ということをしっかり覚《おぼ》えてください。もしそれが破《やぶ》られそうになったら「やめて」「助《たす》けて」と声《こえ》をあげましょう。

体《からだ》の権利《けんり》 1

体《からだ》のそれぞれの器官《きかん》・パーツの名前《なまえ》や機能《きのう》について、十分《じゅうぶん》に学《まな》ぶことができます。

体《からだ》の権利《けんり》 2

だれもが自分《じぶん》の体《からだ》のどこを、どのようにふれるかを決《き》めることができます。

体《からだ》の権利《けんり》 3

体《からだ》は自分《じぶん》だけのものであり、だれかが勝手《かって》にさわることは許《ゆる》されません。

体《からだ》の権利《けんり》 4

体《からだ》を清潔《せいけつ》に保《たも》つことができ、けがや病気《びょうき》の治療《ちりょう》を受《う》けることができます。

体《からだ》の権利《けんり》 5

心《こころ》と体《からだ》に不安《ふあん》や心配《しんぱい》があるときには、相談《そうだん》ができるところがあり、サポートを受《う》けることができます。

体《からだ》の権利《けんり》 6

1〜5が実現《じつげん》できていないときには、「やってください！」と主張《しゅちょう》することができます。

※参考《さんこう》／『からだの権利教育入門《けんりきょういくにゅうもん》 幼児《ようじ》・学童編《がくどうへん》』 浅井春夫《あさいはるお》・良 香織《うしとらかおり》編著《へんちょ》（子《こ》どもの未来社《みらいしゃ》、2022年《ねん》）

知《し》っておきたい

1

大切《たいせつ》なこと

体《からだ》はすべて大切《たいせつ》なその人《ひと》だけのものです

あなたの体《からだ》のどこを、だれが、どのようにさわるのかを、決《き》められるのはあなただけです。

体《からだ》は人《ひと》それぞれのプライベートなもの

体《からだ》の権利《けんり》を守《まも》るのにまず知《し》っておきたいのが、体《からだ》はどこもすべて大切《たいせつ》な、その人《ひと》だけのもの（プライベートなもの）だということです。なかでも、むね、おしり、性器《せいき》、口《くち》を、「プライベートパーツ」とよぶことがあります。

また、プライベートパーツは、「水着《みずぎ》を着《き》たときにかくれる部分《ぶぶん》のこと」と説《せつ》明《めい》されることもあります。

あなたにとって、どこがプライベートパーツでしょうか？　自分《じぶん》だけの大切《たいせつ》なところはすべて、プライベートパーツといえるでしょう。

人《ひと》のプライベートパーツを勝手《かって》にさわったり見《み》たりしてはいけない

体《からだ》の権利《けんり》を守《まも》るとは、プライベートパーツをふくむ体《からだ》について学《まな》び、よい状態《じょうたい》にすることです。反対《はんたい》に、あなたのプライベートパーツをむやみに見《み》せたり、さわらせたり、またほかの人《ひと》のプライベートパーツを見《み》たり、さわろうとしたりするのは体《からだ》の権利《けんり》を大事《だいじ》にしないよくないことです。

たとえ家族《かぞく》でも、プライベートパーツは、勝手《かって》に見《み》たりさわったりしてはいけません。やるほうは気軽《きがる》な気持《きも》ちでも、やられた人《ひと》はいやな気持《きも》ちになり、心《こころ》が大《おお》きくきずつくことがあります。

自分《じぶん》と相手《あいて》の体《からだ》の権利《けんり》を大切《たいせつ》にする

人《ひと》が好《す》きだからとだきついてきたりあなたのプライベートパーツにふれたり、自分《じぶん》のプライベートパーツを見《み》せてきたりしたらどう感《かん》じますか？　少《すこ》しでも不《ふ》快《かい》に思《おも》ったら、だれが相手《あいて》でも「やめて」と言《い》いましょう。それが「自分《じぶん》の体《からだ》の権利《けんり》を大切《たいせつ》にする」ということです。

同様《どうよう》に「相手《あいて》の体《からだ》の権利《けんり》を大切《たいせつ》にする」ことも必要《ひつよう》です。どんな年齢《ねんれい》でもどんな場合《ばあい》でも、だれかの体《からだ》にさわるときには同意《どうい》をとるのが基本《きほん》です（20ページ）。自分《じぶん》と相手《あいて》、両方《りょうほう》の権利《けんり》を守《まも》るために大切《たいせつ》なことです。

プライベートパーツって？

以下《いか》をプライベートパーツとよぶことがあります。

その人《ひと》だけが見《み》て
さわってもいい、大切《たいせつ》な
個人的《こじんてき》なところです

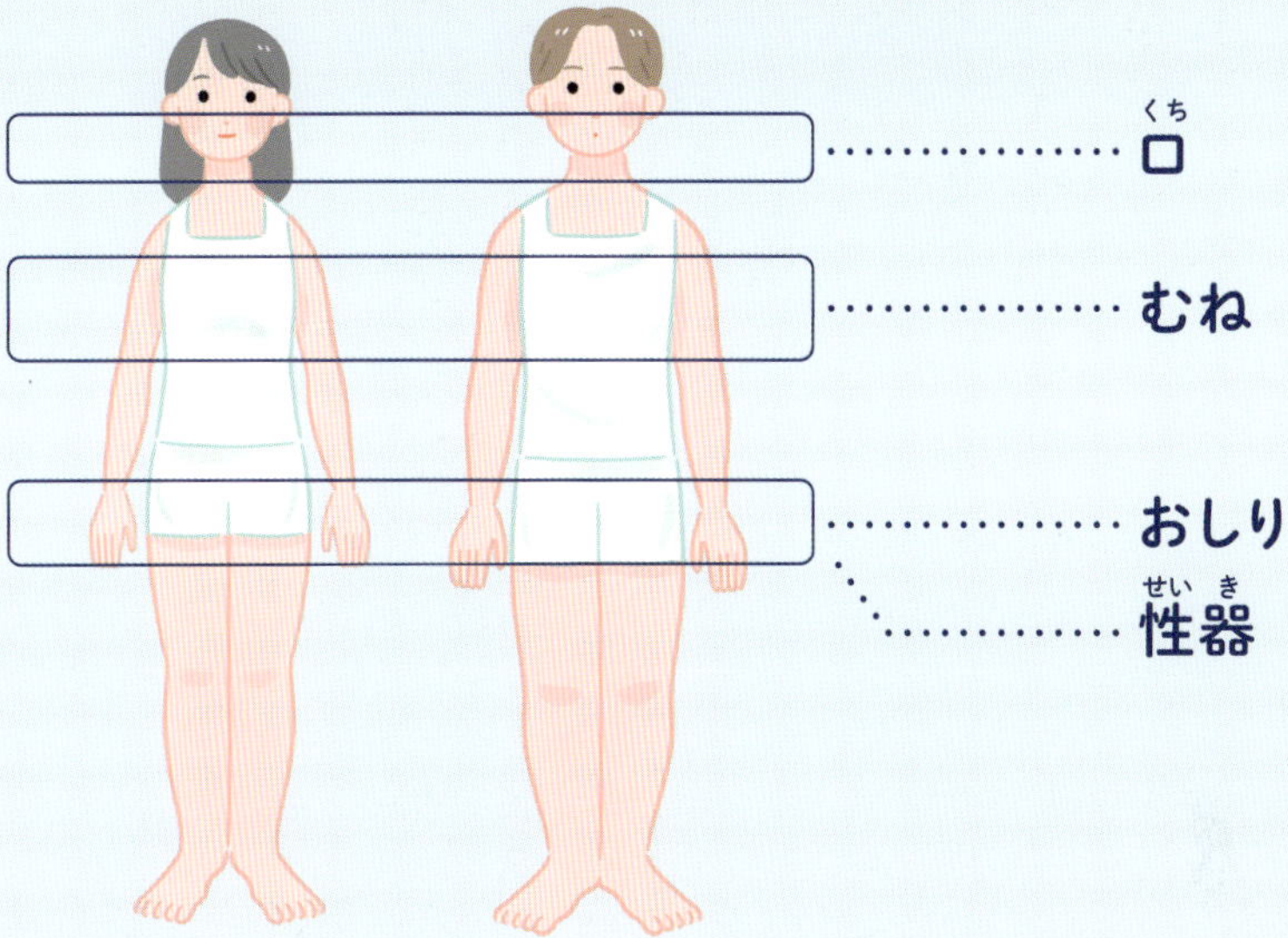
口《くち》
むね
おしり
性器《せいき》

これはダメ！ 「やめて！」と言《い》おう

やってはいけないことの一例《いちれい》です。プライベートパーツに限《かぎ》らず、
許可《きょか》をとらずに体《からだ》をさわる、見《み》る行為《こうい》はすべてNG《エヌジー》です。

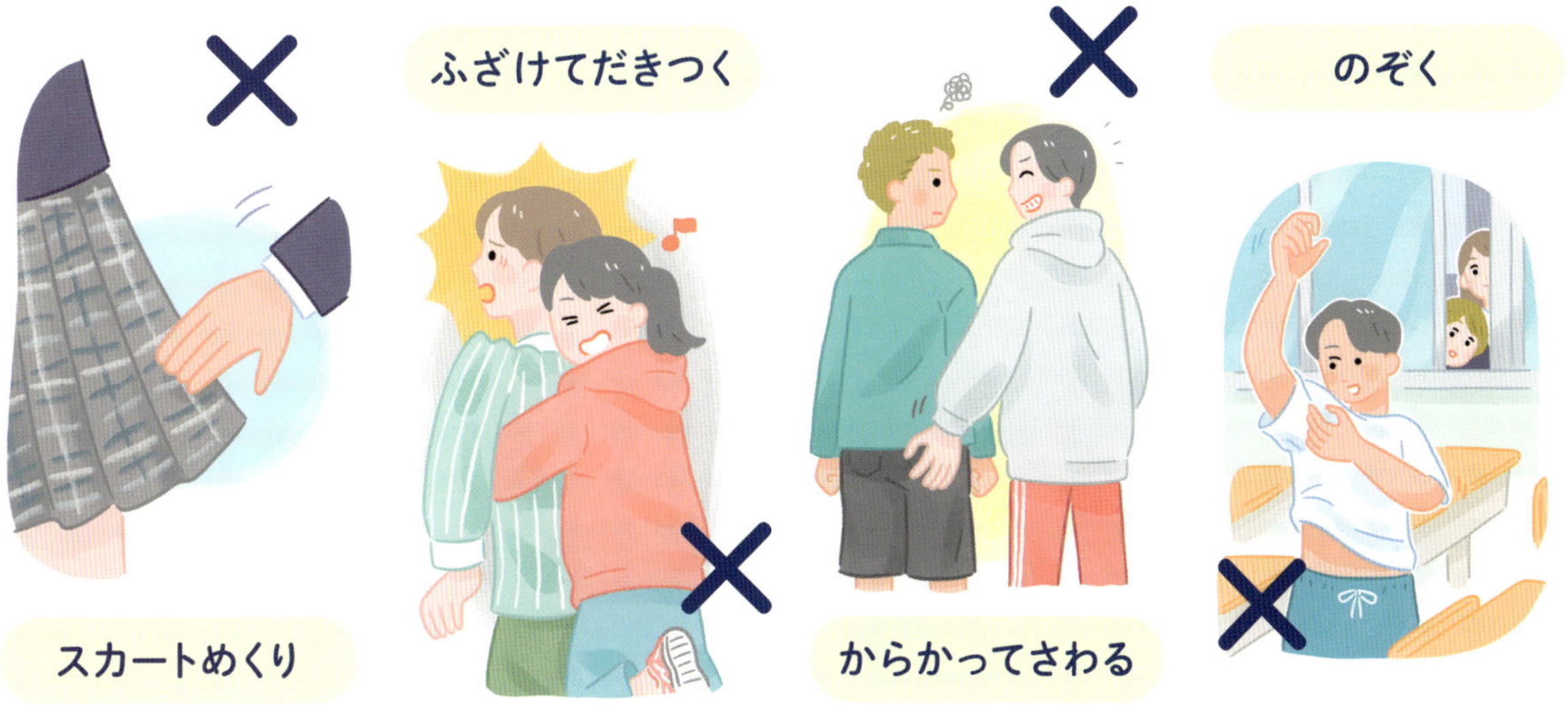
スカートめくり
ふざけてだきつく
からかってさわる
のぞく

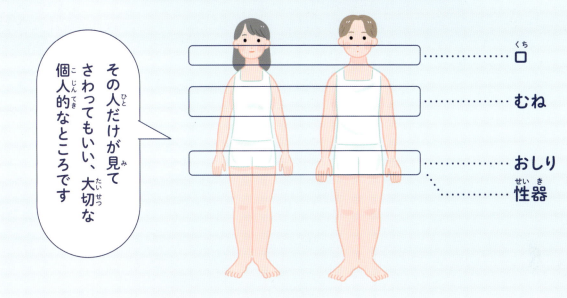

CASE STUDY

ケーススタディ

いろいろな例《れい》をまんがで見《み》てみましょう。こんなとき、どうしたらいいでしょうか。

遊《あそ》びだと思《おも》っていても

養護教諭《ようごきょうゆ》の遠藤先生《えんどうせんせい》から

プライベートパーツをさらすのはいじめ

ズボンおろしやスカートめくりなどは、仲間同士《なかまどうし》の「いじり」や「からかい」ではなく「性的《せいてき》いやがらせ」であり暴力《ぼうりょく》です。相《あい》手《て》の心《こころ》をきずつける、許《ゆる》されないことです。また、自分《じぶん》のプライベートパーツをわざと見《み》せるのも犯罪《はんざい》のひとつです。こんなときには、勇気《ゆうき》を出《だ》して「やめて」と声《こえ》をかけましょう。

着《き》がえのときに

養護教諭《ようごきょうゆ》の遠藤先生《えんどうせんせい》から

同性《どうせい》でもじろじろ見《み》ないで

人《ひと》のプライベートパーツは気《き》になるかもしれません。けれど体《からだ》はその人《ひと》だけのもので、同性《どうせい》でも家《か》族《ぞく》でも、勝手《かって》に見《み》たりさわったりしないものです。水着姿《みずぎすがた》などをじろじろ見《み》たりしないよう気《き》をつけましょう。

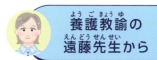

最近《さいきん》、新《あたら》しい友《とも》だちできたんだよね♡
キラちゃんの友《とも》だち
だよね
いつもおしゃれだなって
ありがとー♡
どんなところで
服買《ふくか》ってるの？
いろいろ教《おし》えて
SNS《エスエヌエス》にメッセージもらってお気《き》に入《い》りの服《ふく》の自《じ》どり写真《しゃしん》を送《おく》りあったりして
カシャッ
情報交《じょうほうこう》かん楽《たの》しー!!
あっ返事《へんじ》きたー
ルンッ
かわいい！
やっぱ
センスあるー
下着《したぎ》はどんなの
着《き》てる？
写真《しゃしん》とって送《おく》って！
えっ！
きょうかわいいやつなんだよね…

プライベートパーツのポイント

- ズボンおろしやスカートめくりは、プライベートパーツをさらすいやがらせ
- 人《ひと》のプライベートパーツを見《み》たりさわったりしない
- 自分《じぶん》のプライベートパーツの写真《しゃしん》は、絶対《ぜったい》に送《おく》らない

弁護士《べんごし》の上谷先生《かみたにせんせい》から

写真《しゃしん》は絶対《ぜったい》に送《おく》らないで！

SNS《エスエヌエス》で、はだかや下着姿《したぎすがた》を見《み》せてとか写真《しゃしん》を送《おく》ってとか言《い》われることがあるかもしれません。しかし、気《き》づかないうちに撮影《さつえい》されていたり、写真《しゃしん》を悪用《あくよう》したり、要求《ようきゅう》がエスカレートしたりすることがあります。親《した》しい友《とも》だちや好《す》きな人《ひと》でも写真《しゃしん》を送《おく》るのは断《ことわ》りましょう。

※性犯罪《せいはんざい》については2巻《かん》でくわしく説明《せつめい》しています。

知《し》っておきたい
2
大切《たいせつ》なこと

心《こころ》と体《からだ》には人《ひと》それぞれの『距離感《きょりかん》』があります

人《ひと》の気持《きも》ちは、みんなちがうのが当《あ》たり前《まえ》です。接《せっ》するときは、おたがいの気持《きも》ちを尊重《そんちょう》して。

自分《じぶん》の「距離感《きょりかん》」を決《き》められるのは自分《じぶん》だけ

自分《じぶん》の心《こころ》と体《からだ》は、自分《じぶん》だけのものです。そのため、**自分《じぶん》の体《からだ》にだれがさわっていいか、近《ちか》づいてもいいか、という相手《あいて》との「距離感《きょりかん》」**を決《き》められるのは自分《じぶん》だけです。たとえ家族《かぞく》でも、距離感《きょりかん》を無視《むし》してあなたと接《せっ》することはできません。

だれかが**近《ちか》づいてきたとき、さわられそうになったとき、どんなふうに感《かん》じるか、**その感覚《かんかく》が距離感《きょりかん》の判断基準《はんだんきじゅん》です。近《ちか》づいてきたとき、さわられそうになったときに、特《とく》にいやだ、ヘンだという感《かん》じがなく、「楽《たの》しい」「うれしい」と感《かん》じるなら大丈夫《だいじょうぶ》です。

距離感《きょりかん》は人《ひと》それぞれちがい相手《あいて》や場所《ばしょ》によっても変《か》わる

距離感《きょりかん》は、「境界《きょうかい》」「バウンダリー（boundary）」ともいいます。自分《じぶん》が「大丈《だいじょう》夫《ぶ》」と思《おも》うことと、「いや」と思《おも》うことの境目《さかいめ》のことだからです。

「大丈夫《だいじょうぶ》」と「いや」の境目《さかいめ》は、人《ひと》によってちがい、あなたがいいと思《おも》うことでも、友《とも》だちはいやだと思《おも》っていることもあります。さらに、相手《あいて》や場所《ばしょ》などによってもちがってくるため、Aさんとは手《て》をつないでも、Bさんとはつなぎたくないと感《かん》じることもあります。ふたりきりのときはよくても、みんなの前《まえ》ではいやだと思《おも》うこともあるでしょう。

自分《じぶん》の距離感《きょりかん》も相手《あいて》の距離感《きょりかん》も守《まも》ろう

少《すこ》しでも「いやだな」「気持《きも》ち悪《わる》いな」と思《おも》ったら、「やめて」「いやだ」と伝《つた》えましょう。自分《じぶん》の距離感《きょりかん》を無視《むし》して近《ちか》づいてこられたり、さわられたりしたときは、「いやだ」と言《い》っていいのです。**いやなときは、その人《ひと》と距離《きょり》を置《お》いたり、信頼《しんらい》できる大人《おとな》や相談機関《そうだんきかん》（38ページ）に話《はな》してみたりしましょう。**

相手《あいて》の距離感《きょりかん》を守《まも》ることも大切《たいせつ》です。自分《じぶん》の相手《あいて》への距離感《きょりかん》と、相手《あいて》が感《かん》じる自分《じぶん》への距離感《きょりかん》はちがうからです。**相手《あいて》がいやと言《い》ったら、その気持《きも》ちを受《う》け入《い》れてやめることが大切《たいせつ》です。**

距離感《きょりかん》は、自分《じぶん》と相手《あいて》を守《まも》る大切《たいせつ》なもの

人《ひと》によって距離感《きょりかん》がちがうのは当《あ》たり前《まえ》のことです。いやなときに「いやだ」と伝《つた》えられることは、いいときに「いいよ」と伝《つた》えられるということでもあります。

1 仲《なか》がよくても気持《きも》ちはちがうもの

仲《なか》がよくても、気持《きも》ちがいっしょとは限《かぎ》りません。友《とも》だちなら手《て》をつないだりハグをしたりしてもいいという人《ひと》もいれば、仲《なか》がよくてもさわられるのはいやという人《ひと》もいます。

2 距離感《きょりかん》を守《まも》るためいやならいやと言《い》う

自分《じぶん》の距離感《きょりかん》がいちばん大切《たいせつ》です。相手《あいて》に無理《むり》にあわせる必要《ひつよう》はありません。「いやだ」と言《い》っていいのです。

3 いやと言《い》われたら受《う》け入《い》れる

「いやだ」と言《い》われても、あなたが否定《ひてい》されたわけではありません。それぞれちがう距《きょ》離感《りかん》がある、というだけです。相手《あいて》の気持《きも》ちを受《う》け入《い》れましょう。

いろいろなふれあい
あなたはだれとならOK《オーケー》? NG《エヌジー》?

相手《あいて》によって、しても大丈夫《だいじょうぶ》なことと、したくないことがありますね。
次《つぎ》のようなふれあいは、家族《かぞく》となら、友《とも》だちとならOK《オーケー》ですか？　いやですか？
あなたなりの距離感《きょりかん》を確認《かくにん》してみましょう。

□ 手《て》をつなぐ

□ ハイタッチ

□ となりにすわる

□ うでやかたを組《く》む

□ かみをさわられる

□ ハグする

同《おな》じハグでも…

CASE STUDY

ケーススタディ

いろいろな例《れい》をまんがで見《み》てみましょう。こんなとき、どうしたらいいでしょうか。

1
チケット当《あ》たったよ！
うわ～んうれしい～！！
親《した》しい友《とも》だち
2
これほしかったやつー
親《おや》
3
えっ!?ん
やった～!
あまり知《し》らない子《こ》
4
びっくりしてにげてきちゃった
ごめ～ん

スクールカウンセラーの杉浦先生《すぎうらせんせい》から

距離感《きょりかん》は相手《あいて》によって変《か》わるもの。ダメならNO《ノー》と伝《つた》えて

同《おな》じハグでも、ハグができる相手《あいて》とハグができない（したくない）相手《あいて》がいますね。人《ひと》とのふれあいは、自分《じぶん》の感覚《かんかく》にしたがうことが大切《たいせつ》です。体《からだ》がふれたときに少《すこ》しでも「無理《むり》」「ダメかも」「なんかヘン」「もやもや…」のような「いやな感《かん》じ」があったら、断《ことわ》ったり逃《に》げたりしてOK《オーケー》です。「相手《あいて》に悪《わる》いから…」と遠慮《えんりょ》しなくて大丈夫《だいじょうぶ》です。

急接近《きゅうせっきん》は逆効果《ぎゃくこうか》

ドン！
ひっ！
なっ なに!?
女《おんな》は強引《ごういん》なのをよろこぶんでしょ！
ドヤ
やめてよ!!
突然《とつぜん》こわいよ！
おかしいな まんがで見《み》たんだけどな

弁護士《べんごし》の
上谷先生《かみたにせんせい》から

「強引《ごういん》なのがいい」は思《おも》いこみ

「女子《じょし》は強引《ごういん》な人《ひと》が好《す》き」「強引《ごういん》にされたがっている」というのは思《おも》いこみです。突然《とつぜん》、かべドンされたりしたら、きょうふを感《かん》じる人《ひと》もいます。相手《あいて》がOK《オーケー》かわからないときは、決《けっ》してしてはいけません。

距離感《きょりかん》が近《ちか》い人《ひと》

1年《ねん》ぶり？ 元気《げんき》だった？
おばさん久《ひさ》しぶりです！
で、推《お》し活《かつ》はどんな感《かん》じ？
おおっ!?
ちょっと待《ま》って！ 近《ちか》すぎだよー

研究者《けんきゅうしゃ》の
良先生《うしとらせんせい》から

相手《あいて》が大人《おとな》でも、家族《かぞく》でもいやなら逃《に》げる

顔《かお》を近《ちか》づけて話《はな》す人《ひと》や、うでをからめてくる人《ひと》など、距離感《きょりかん》がとても近《ちか》い人《ひと》もいます。でも、いやだと感《かん》じたら「やめて」と言《い》いましょう。

距離感《きょりかん》の ポイント

- 距離感《きょりかん》は相手《あいて》や ときと場所《ばしょ》によって変《か》わる
- 自分《じぶん》の距離感《きょりかん》が大事《だいじ》。近《ちか》づかれていやなら逃《に》げていい
- 距離感《きょりかん》は みんなちがって当《あ》たり前《まえ》

スクールカウンセラーの 杉浦先生《すぎうらせんせい》から

距離感《きょりかん》は人《ひと》それぞれ。相手《あいて》の対応《たいおう》を尊重《そんちょう》して

距離感《きょりかん》は相手《あいて》によって変《か》わるので、あなたはダメでも別《べつ》の人《ひと》にはOK《オーケー》というときもあります。そんなときはショックですが、その理由《りゆう》をあなたにあるとだけ考《かんが》えず、相手《あいて》は自分《じぶん》の距離感《きょりかん》を大事《だいじ》にしているんだとも思《おも》いましょう。

知《し》っておきたい

3

大切《たいせつ》なこと

相手《あいて》にふれるときには『同意《どうい》』が必要《ひつよう》です

相手《あいて》にふれてなにかしようとするときは、必《かなら》ず言葉《ことば》で「同意《どうい》」をとりましょう。

相手《あいて》に直接聞《ちょくせつき》いて「いいよ」という返事《へんじ》が「同意《どうい》」

体《からだ》の権利《けんり》を守《まも》るために、だれかの体《からだ》にふれる前《まえ》には、相手《あいて》にふれていいかを聞《き》いて、「いいよ」という返事《へんじ》をもらう必要《ひつよう》があります。この「いいよ」という返事《へんじ》が「同意《どうい》」です。

どんなときでもだれにでも、相手《あいて》にさわるときにはこの確認《かくにん》が必要《ひつよう》です。相手《あいて》の写真《しゃしん》をとるときにも、必《かなら》ず同意《どうい》をとりましょう。

確認《かくにん》して「いやだ」と言《い》われたら、それは「同意《どうい》しない」ということです。

勝手《かって》に判断《はんだん》してはいけない

ほかの人《ひと》にふれるときに、勝手《かって》に判断《はんだん》してはいけません。

相手《あいて》の態度《たいど》などから、自分《じぶん》の都合《つごう》のいいように考《かんが》えてしまうことはよくあります。しかしたとえば、「笑《わら》っていたから」「前《まえ》はOK《オーケー》だったから」「ふたりきりになったから」「はだが見《み》える服《ふく》を着《き》ているから」「いやと言《い》わなかったから」などの理由《りゆう》では、同意《どうい》をとったことにはなりません。

どんなときでも直接聞《ちょくせつき》かなければ、相手《あいて》の気持《きも》ちはわかりません。同意《どうい》するかしないかを、必《かなら》ず言葉《ことば》で確認《かくにん》しましょう。

「いいよ」以外《いがい》は同意《どうい》ではない

同意《どうい》を確認《かくにん》したときに気《き》をつけたいことがあります。はっきりとした「いいよ」という言葉《ことば》での返事《へんじ》以外《いがい》は、同意《どうい》にはならないということです。

はっきり答《こた》えない、だまっている、困《こま》っている、ちがう話《はなし》をする、笑《わら》ってごまかしている…、そんなときは「いやだ」「同意《どうい》しない」というのが答《こた》えです。

また「いいでしょ」「前《まえ》はOK《オーケー》だったよ」などと、強引《ごういん》に同意《どうい》させようとしてはいけません。無理《むり》やりや、力《ちから》ずくで「いいよ」と言《い》わせても、同意《どうい》をとったことにはなりません。

同意《どうい》は、どうやって確認《かくにん》するの？

同意《どうい》をとるためには、言葉《ことば》にして相手《あいて》に聞《き》く必要《ひつよう》があります。
そして、相手《あいて》が声《こえ》に出《だ》して「いいよ」と答《こた》えてくれてはじめて同意《どうい》となります。

❶ 自分《じぶん》がどうしたいか、相手《あいて》に話《はな》す

「手《て》をつないでいい？」「ハグしていい？」「写真《しゃしん》をとってもいい？」など、相手《あいて》に直接《ちょくせつ》、具体的《ぐたいてき》に問《と》いかけましょう。

❷ 相手《あいて》の気持《きも》ちや「同意《どうい》」か「同意《どうい》しない」かを確認《かくにん》する

相手《あいて》の返事《へんじ》をしっかり聞《き》きましょう。「いいよね」などと無理《むり》じいしたりせず、相手《あいて》の気持《きも》ちを尊重《そんちょう》します。積極的《せっきょくてき》な「いいよ」という答《こた》えが返《かえ》ってこなければ同意《どうい》ではありません。

重要《じゅうよう》！

はっきりわからないときは「いやだ」「同意《どうい》しない」です

突然《とつぜん》聞《き》かれても、すぐに答《こた》えられずに口《くち》ごもってしまうことがあります。いやだと感《かん》じても、こわくてはっきり断《ことわ》れないときもあります。相手《あいて》が答《こた》えないとき、答《こた》えがあいまいなとき、それはすべて「いやだ」「同意《どうい》しない」ということです。

「いやだ」と断《ことわ》られるのはよくあることおこらず受《う》け入《い》れましょう

相手《あいて》から「いやだ」と断《ことわ》られることは、だれにでも起《お》こる、よくあることです。きずつくことはありません。「いやだ」と言《い》われても、決《けっ》しておこったり、どうしてダメなのかとつめよったりしてはいけません。

こんなときは同意《どうい》ではありません

次《つぎ》のようなときは、同意《どうい》にはなりません。無理《むり》じいされていると感《かん》じたら「いやだ」と言《い》って逃《に》げ、身近《みぢか》な人《ひと》に相談《そうだん》しましょう。

おどして「はい」と言《い》わせる

同意《どうい》しないと秘密《ひみつ》をばらす、なぐるなど、おどかしたり、暴力《ぼうりょく》をふるったりして「いいよ」と言《い》わせるのは同意《どうい》ではありません。きょうふで人《ひと》を支配《しはい》するのは、もっともやってはいけないことのひとつです。

交換条件《こうかんじょうけん》を出《だ》す

同意《どうい》したらお金《かね》を払《はら》う、ほしいものをあげる、何《なに》かをしてあげる、などの交換条件《こうかんじょうけん》を出《だ》して「いいよ」と言《い》わせるのも、同意《どうい》ではありません。持《も》ちかけられても、断《ことわ》りましょう。

立場《たちば》が対等《たいとう》でない

先《せん》ぱいと後《こう》はい、先生《せんせい》と児童《じどう》・生徒《せいと》、コーチと部員《ぶいん》、親《おや》と子《こ》など、相手《あいて》との間《あいだ》に上下関係《じょうげかんけい》が生《う》まれやすい場合《ばあい》、下《した》の立場《たちば》の人《ひと》が上《うえ》の立場《たちば》の人《ひと》の言《い》いなりになりがちです。断《ことわ》ったら都合《つごう》が悪《わる》いことが起《お》きるのではと不安《ふあん》になり、つい「はい」と言《い》ってしまうのです。しかし、そのような不本意《ふほんい》な「はい」は、同意《どうい》ではありません。

立場《たちば》にかかわらず、相手《あいて》にはっきりと自分《じぶん》の意見《いけん》が言《い》える関係《かんけい》、いやなことは安心《あんしん》して「いや」と言《い》える関係《かんけい》を築《きず》くことが大切《たいせつ》です。上《うえ》の立場《たちば》にある人《ひと》は特《とく》に、自分《じぶん》の言動《げんどう》が相手《あいて》への同意《どうい》の強要《きょうよう》になっていないか注意《ちゅうい》する必要《ひつよう》があるでしょう。

CASE STUDY

ケーススタディ

いろいろな例《れい》をまんがで見《み》てみましょう。こんなとき、どうしたらいいでしょうか。

対応《たいおう》はそれぞれ

養護教諭《ようごきょうゆ》の遠藤先生《えんどうせんせい》から

相手《あいて》にふれるときにはひとりひとり同意《どうい》の確認《かくにん》を

あくしゅやハイタッチでも、相手《あいて》にふれるときには毎回《まいかい》、言葉《ことば》で同意《どうい》を確認《かくにん》します。気持《きも》ちは、人《ひと》により、ときにより、場面《ばめん》によりちがうので、だれかがよかったからみんないい、ということにはなりません。「いいよ」と言《い》わなかったり、さけられたりするときは「同意《どうい》しない」ということです。体《からだ》にふれる以外《いがい》の方法《ほうほう》で気持《きも》ちを伝《つた》えましょう。

被害者団体代表《ひがいしゃだんたいだいひょう》の早乙女《さおとめ》さんから

はっきりした返事《へんじ》がないのは「NO《ノー》」無理《むり》じいはしないで

相手《あいて》が困《こま》っている、はっきり返事《へんじ》をしないというのは、「いや」と言《い》いづらいからです。「いいよ」とはっきりした返事《へんじ》がないときは「いや」「したくない」のです。無理《むり》じいしてはいけません。「はずかしがっているだけ」「口《くち》ではいやと言《い》っても本当《ほんとう》はしたいのでは…」などと、自分《じぶん》に都合《つごう》のいい想像《そうぞう》で行動《こうどう》しないようにしましょう。

好《す》きな服《ふく》を着《き》たら…

手《て》はいいけれど

養護教諭《ようごきょうゆ》の遠藤先生《えんどうせんせい》から

服装《ふくそう》や態度《たいど》と同意《どうい》は無関係《むかんけい》。想像《そうぞう》で決《き》めつけず言葉《ことば》で確認《かくにん》を

はだが多《おお》く見《み》える服《ふく》を着《き》ているから、見《み》ても、さわってもよさそう…、と思《おも》うのは、都合《つごう》のいい勝手《かって》な想像《そうぞう》です。服装《ふくそう》や態度《たいど》からでなく、きちんと同意《どうい》を確認《かくにん》しましょう。

被害者団体代表《ひがいしゃだんたいだいひょう》の早乙女《さおとめ》さんから

同意《どうい》が有効《ゆうこう》なのは そのときの、そのことだけ

ひとつ同意《どうい》したからといって、ほかのことも同意《どうい》したことにはなりません。相手《あいて》にふれるときには、そのたびに同意《どうい》をとりましょう。

同意《どうい》の ポイント

- 同意《どうい》はひとりひとりにとる
- 同意《どうい》は毎回《まいかい》とる
- 言葉《ことば》で「いいよ」と言《い》うことが同意《どうい》である
- 返事《へんじ》をしないとき、困《こま》っているときは「同意《どうい》していない」

研究者《けんきゅうしゃ》の良先生《うしとらせんせい》から

あせらず、よい関係《かんけい》づくりを楽《たの》しんで

一度《いちど》断《ことわ》られたら、ずっとダメなんだと思《おも》っていませんか。人《ひと》の心《こころ》や関係性《かんけいせい》は変《か》わるものです。また、そのときだけ断《ことわ》る理由《りゆう》があったのかもしれません。どんなに好《す》きでも相手《あいて》と自分《じぶん》はちがう人間《にんげん》です。ちがうことを前提《ぜんてい》に話《はなし》をして、ちょっとずつお互《たが》いにいい距離感《きょりかん》を見《み》つけていけるといいですね。

知《し》っておきたい

4

大切《たいせつ》なこと

距離感《きょりかん》は途中《とちゅう》で変《か》わるもの。同意《どうい》も変《か》えていいのです

同意《どうい》はいつでも変《か》えられます。途中《とちゅう》で「いやだ」と言《い》ってもいいのです。

距離感《きょりかん》は変化《へんか》するもの 同意《どうい》は毎回確認《まいかいかくにん》しよう

何《なに》かの途中《とちゅう》で、「やっぱりいやかも」「思《おも》っていたのとちがった」「あのときは楽《たの》しかったけど、今《いま》はちがう」というようなことがありますね。

距離感《きょりかん》も同《おな》じで、以前《いぜん》は手《て》をつなぐのはOK《オーケー》と思《おも》っていたけれどやりたくないと感《かん》じるようになったり、ハグするのはいやだと思《おも》っていたのにやってもいいなと感《かん》じるようになったりします。心《こころ》や体《からだ》は、常《つね》に変化《へんか》しているのです。

距離感《きょりかん》が変《か》わるのは当然《とうぜん》のことなので、相手《あいて》の体《からだ》の権利《けんり》にかかわることについては、毎回《まいかい》、同意《どうい》を確認《かくにん》する必要《ひつよう》があります。一度《いちど》いいと言《い》ったからといって、毎回《まいかい》いいとは限《かぎ》りません。

いやだと思《おも》ったら 途中《とちゅう》で同意《どうい》をやめてもいい

「この前《まえ》はいいよと言《い》ったのに、きょうはダメなの？」

同意《どうい》を変《か》えたら、そんなことを言《い》われるかもしれません。でも、あなたがいやなら、はっきり断《ことわ》っていいのです。

さらに、「いやだな」と感《かん》じたら途中《とちゅう》で変《か》えてもいいのです。ついさっき同意《どうい》をして、今《いま》、手《て》をつないでいるけれど、やっぱりやめたくなった――、そんなときは「ごめん、やっぱりいやだ」と言《い》いましょう。

変《か》える理由《りゆう》、断《ことわ》る理由《りゆう》を 言《い》う必要《ひつよう》はない

同意《どうい》の取《と》り消《け》しや同意《どうい》をしないとき、なぜなのかを必《かなら》ず説明《せつめい》しなければならないわけではありません。理由《りゆう》を説明《せつめい》すると、反論《はんろん》の材料《ざいりょう》をあたえることにもなるからです。「きょうは天気《てんき》が悪《わる》いから行《い》かない」と理由《りゆう》をつけても「わたしがかさを持《も》っているし、予報《よほう》では1時間後《じかんご》に晴《は》れるって出《で》てるよ」と、理由《りゆう》を否定《ひてい》されるかもしれません。

また、はっきりした理由《りゆう》がなくて「なんとなくいやだ」と感《かん》じるときもあるでしょう。そんなときも「いやだから」だけでいいのです。

CASE STUDY

ケーススタディ

いろいろな例《れい》をまんがで見《み》てみましょう。こんなとき、どうしたらいいでしょうか。

予定変更《よていへんこう》

あしたのデート
キャンセルさせて
シュポッ
え、なんで!?
着《き》る服《ふく》も決《き》めてたのにー
ごめん
あしたは
会《あ》いたくないの
楽《たの》しみにしていたのに
ひどいよ!
ごめんね
そんな気分《きぶん》じゃ
なくて
でも、約束《やくそく》したのに
泣《な》きそう(涙《なみだ》)
どうしてもダメ?
ホントに悪《わる》いんだけど来週《らいしゅう》にして
ゴメーン!
プンッ!

研究者《けんきゅうしゃ》の良先生《うしとらせんせい》から

悪《わる》いと思《おも》っても、あなたが決《き》めて断《ことわ》っていい

予定《よてい》を変《か》える、この前《まえ》はいいと言《い》ったのにきょうはいやだと言《い》うなど、約束《やくそく》や同意《どうい》を変《か》えると、相手《あいて》はおこったり泣《な》いたりするかもしれません。でも、あなたの心《こころ》と体《からだ》はあなたのもの。あなたが決《き》めて、断《ことわ》っていいのです。理由《りゆう》を聞《き》かれても、「なんとなくいやだ」というときもあります。そんなときは「いやだから」でいいでしょう。

気持《きも》ちは変《か》わる

スクールカウンセラーの杉浦先生《すぎうらせんせい》から

気《き》持《も》ちはだれでも変《か》わるもの。断《ことわ》られても気《き》にせず受《う》け入《い》れよう

相手《あいて》の気持《きも》ちは相手《あいて》だけの大切《たいせつ》なもので、あなたがコントロールできるものではないのです。そして、人《ひと》の気持《きも》ちは、そのときどきで変化《へんか》するのがふつうです。そのため、あるときはＯＫ《オーケー》でも別《べつ》のときはいやということもよくあります。相手《あいて》が前《まえ》はＯＫ《オーケー》だったのに、今回《こんかい》は断《ことわ》ったということがあったら、相手《あいて》に「なんで！」とおこったり、「きらわれたかも…」と距離《きょり》をとったりせずに、断《ことわ》った相手《あいて》の気持《きも》ちを受《う》け入《い》れましょう。

やっぱりダメ

距離感《きょりかん》・同意《どうい》の変化《へんか》の ポイント

- 距離感《きょりかん》や同意《どうい》は、変《か》わるのが当《あ》たり前《まえ》
- 同意《どうい》は途中《とちゅう》で変《か》えていい
- 断《ことわ》りたいときは遠慮《えんりょ》せずにしっかり断《ことわ》る

研究者《けんきゅうしゃ》の 艮《うしとら》先生《せんせい》から

同意《どうい》したことを途中《とちゅう》で変《か》えて、断《ことわ》ってもいい

やってみて「これはちがう、やめたい」と感《かん》じたら、断《ことわ》りましょう。自分《じぶん》からやろうと言《い》ったことでも、途中《とちゅう》で「やめよう」と言《い》っていいのです。相《あい》手《て》が説得《せっとく》してきても、いやならやめましょう。

知《し》っておきたい **5** 大切《たいせつ》なこと

ジェンダーの不平等《ふびょうどう》をみんなでなくしていきましょう

「ジェンダー」とは、社会《しゃかい》のなかで作《つく》られた、性別《せいべつ》に関《かん》する考《かんが》え方《かた》のことです。

性別《せいべつ》についての考《かんが》え方《かた》が権利《けんり》をうばうこともある

性別《せいべつ》に関《かん》する考《かんが》え方《かた》も人権《じんけん》に大《おお》きくかかわります。考《かんが》え方《かた》のかたより（偏見《へんけん》）が、ひとりひとりの生《い》き方《かた》を不自由《ふじゆう》にすることがあるからです。これまでは「男《おとこ》は男《おとこ》らしく」「女《おんな》は女《おんな》らしく」することを、周囲《しゅうい》からもとめられる世《よ》の中《なか》でした。それによって権利《けんり》がうばわれてきた歴史《れきし》があるのです。

性別《せいべつ》で好《す》きなものを禁止《きんし》されたり、得意《とくい》なことが活《い》かせなかったりするのは、その人《ひと》から自由《じゆう》をうばうことです。性別《せいべつ》による偏見《へんけん》は、なくしていくべきでしょう。大切《たいせつ》なのは「その人《ひと》らしさ」です。

男《おとこ》らしく、女《おんな》らしくは不平等《ふびょうどう》のもと

「男《おとこ》らしく」「女《おんな》らしく」は、「その人《ひと》らしさ」の否定《ひてい》にもつながります。かわいいものが好《す》きでも「男《おとこ》らしくない」から持《も》てない、野球《やきゅう》をしたいのに「女《おんな》らしくない」からとやらせてもらえない――。

男女《だんじょ》ともに社会《しゃかい》に出《で》て働《はたら》くようになった現代《げんだい》でも、「男《おとこ》は外《そと》で働《はたら》き、女《おんな》は家《いえ》を守《まも》る」という考《かんが》え方《かた》は残《のこ》っています。家事《かじ》をするのも、出産《しゅっさん》や育児《いくじ》、介護《かいご》のために仕事《しごと》量《りょう》を減《へ》らさざるを得《え》ないのも、女性《じょせい》が多《おお》く、また、男性《だんせい》が育児休業《いくじきゅうぎょう》をとろうとしても、職場《しょくば》の雰囲気《ふんいき》などからとりづらい場合《ばあい》もあります。これは平等《びょうどう》でしょうか。

社会《しゃかい》での差《さ》をなくす取《と》り組《く》みが始《はじ》まっている

そんな社会《しゃかい》の仕組《しく》みを変《か》えていく取《と》り組《く》みが始《はじ》まっています。**そのひとつが国《こく》連《れん》で決《き》めた共通《きょうつう》の目標《もくひょう》「SDGs《エス・ディー・ジーズ》」です。**SDGs《エス・ディー・ジーズ》の柱《はしら》のひとつは人権《じんけん》を守《まも》ることで、不平等《ふびょうどう》や格差《かくさ》をなくしていくための努力目標《どりょくもくひょう》がかかげられています。そのなかのひとつが、「ジェンダー平等《びょうどう》の実現《じつげん》」（37ページ）です。

人権《じんけん》には、これまでいろいろな人《ひと》が声《こえ》をあげて促進《そくしん》してきた歴史《れきし》があり、今《いま》も前進《ぜんしん》しています。あなたもぜひ、社会《しゃかい》の仕組《しく》みを前進《ぜんしん》させていく一員《いちいん》になりましょう。

「こうあるべき」って本当《ほんとう》？

言葉《ことば》づかいや動作《どうさ》、好《この》み、性格《せいかく》などに、性別《せいべつ》は関係《かんけい》ありません。
下《した》のような考《かんが》え方《かた》は長《なが》い間《あいだ》に作《つく》られたものにすぎず、みんなで変《か》えていくことができます。

男《おとこ》のくせに
めそめそするな

女《おんな》なのに
行儀《ぎょうぎ》が悪《わる》い

男《おとこ》が弱音《よわね》を
はくなんて

全部《ぜんぶ》、社会《しゃかい》で
作《つく》られてきたもの
「変《か》えていける」こと

気《き》が強《つよ》い女《おんな》は
きらわれる

女《おんな》なのに
らんぼうだ

男《おとこ》はお金《かね》をかせいで
家族《かぞく》を養《やしな》うべき

男《おとこ》はかっこいい
ものが好《す》き

女《おんな》は家事《かじ》をして
家《いえ》を守《まも》るべき

女《おんな》はかわいい
ものが好《す》き

男《おとこ》は理系《りけい》が
得意《とくい》

女《おんな》は文系《ぶんけい》が
得意《とくい》

ジェンダー平等《びょうどう》のために こんなことが行《おこな》われています

日本《にほん》では次《つぎ》のようなことが進《すす》められていますが、
まだまだ努力《どりょく》の途中《とちゅう》といえるでしょう。

選択性《せんたくせい》の制服《せいふく》、水着《みずぎ》の統一《とういつ》

性別《せいべつ》に関係《かんけい》なくスカートもスラックスも選《えら》べる制服《せいふく》の選択性《せんたくせい》、男女統一《だんじょとういつ》デザインの水着《みずぎ》が広《ひろ》まっています。

みんな「さん」でよぶ

女《おんな》は「ちゃん・さん」、男《おとこ》は「くん」づけが定着《ていちゃく》していましたが、性別《せいべつ》に関係《かんけい》なく、みんなを「さん」でよぶことが広《ひろ》まっています。

男性《だんせい》の育児休業《いくじきゅうぎょう》を増《ふ》やす

育児《いくじ》のために仕事《しごと》を休《やす》む権利《けんり》は性別《せいべつ》に関係《かんけい》なくあります。しかし2022年《ねん》では休《やす》みをとる男性《だんせい》は17・13%しかいませんでした。日本《にほん》では2025年《ねん》までに50%に上《あ》げることを目指《めざ》しています。

企業《きぎょう》の管理職《かんりしょく》の女性《じょせい》を増《ふ》やす

日本《にほん》は指導的地位《しどうてきちい》につく女性《じょせい》を増《ふ》やす、という目標《もくひょう》をかかげています。それは「管理職《かんりしょく》の男女比《だんじょひ》」が世界《せかい》で133位《い》と非常《ひじょう》に低《ひく》いからです（2023年《ねん》）。女性《じょせい》の大学教授《だいがくきょうじゅ》を増《ふ》やそうという動《うご》きも出《で》ています。

ケーススタディ

男《おとこ》だからって

いろいろな例《れい》をまんがで見《み》てみましょう。こんなとき、どうしたらいいでしょうか。

スイミング
つらくなって
きたから
もう
やめたいです
ほかにやりたいこともあるし…
弱音《よわね》をはかずにがんばろうよ
できるよ
男《おとこ》なんだから
男《おとこ》なのに
きちょうめんって
ばかにされた
くすん…
男《おとこ》のくせに
すぐ
泣《な》くよね～
ダサイな
男《おとこ》なんだから
将来《しょうらい》
たのんだぞ！
しっかりな！
お姉ちゃんもいるのになんでボクだけ…
つ、つらい…
ぼく
このままじゃ
ダメなの？
強《つよ》くなきゃダメ？

養護教諭《ようごきょうゆ》の
遠藤先生《えんどうせんせい》から

強《つよ》さ弱《よわ》さは、性別《せいべつ》も年齢《ねんれい》も関係《かんけい》ない。「らしさ」をおしつけないで

男《おとこ》でも女《おんな》でも、大人《おとな》でも子《こ》どもでも、泣《な》きたいときや弱音《よわね》をはきたいときはあります。「男《おとこ》は強《つよ》くなれ」と言《い》われて生《い》きづらさを感《かん》じる男性《だんせい》や、「女《おんな》のくせに生意気《なまいき》だ」と言《い》われて自信《じしん》をなくす女性《じょせい》も少《すく》なくないのです。気持《きも》ちや行動《こうどう》、考《かんが》え方《かた》は性別《せいべつ》で決《き》まるものではなく、まわりからおしつけられるものでもありません。「男《おとこ》だから、女《おんな》だから」「男《おとこ》のくせに、女《おんな》のくせに」など、性別《せいべつ》による「らしさ」への思《おも》いこみはなくしていかなければなりません。自分《じぶん》にも相手《あいて》にも、性別《せいべつ》や年齢《ねんれい》に関係《かんけい》ない「自分《じぶん》らしさ」を大切《たいせつ》にできるといいですね。

好《す》きなこと、得意《とくい》なこと

わたしの夢《ゆめ》

研究者《けんきゅうしゃ》の艮先生《うしとらせんせい》から

性格《せいかく》や好《この》みも性別《せいべつ》と無関係《むかんけい》。おくそくはやめて

態度《たいど》や言葉《ことば》づかい、服装《ふくそう》の好《この》みなども性別《せいべつ》とは関係《かんけい》ないことです。人《ひと》の性《せい》のあり方《かた》を他《た》人《にん》がとやかく言《い》ったり、あれこれ想像《そうぞう》してうわさしたりするのもよくありません。

弁護士《べんごし》の上谷先生《かみたにせんせい》から

仕事選《しごとえら》びに性別《せいべつ》は関係《かんけい》ない

どんな仕事《しごと》を選《えら》ぶかについては、性別《せいべつ》にかかわりなく憲法《けんぽう》の「職業選択《しょくぎょうせんたく》の自由《じゆう》」で保障《ほしょう》されています。働《はたら》く人《ひと》を性別《せいべつ》で差別《さべつ》してはならないという「男女雇用機会均等法《だんじょこようきかいきんとうほう》」に定《さだ》められています。

お父《とう》さんのたんとう

ジェンダー平等《びょうどう》のポイント

- 性格《せいかく》、好《この》み、役割《やくわり》に性別《せいべつ》は関係《かんけい》ない
- 男《おとこ》らしく・女《おんな》らしくではなく「自分《じぶん》らしく」が大切《たいせつ》
- 性別《せいべつ》で仕事《しごと》や家事《かじ》などの役割《やくわり》に差《さ》をつけない

研究者《けんきゅうしゃ》の良先生《うしとらせんせい》から

家事《かじ》は家族《かぞく》みんなでやれることから

料理《りょうり》やそうじ、せんたくなどの家事《かじ》は、家族《かぞく》みんなにかかわることで、だれかひとりだけでするのはとても大変《たいへん》です。昔《むかし》からの習《なら》わしで、今《いま》でも女性《じょせい》が中心《ちゅうしん》となって家事《かじ》をすることが多《おお》いようですが、家《いえ》のことは、家族《かぞく》みんなでできるようになるのが理想《りそう》です。みなさんも参加《さんか》してくださいね。

ジェンダー平等《びょうどう》を実現《じつげん》しよう

世界《せかい》共通《きょうつう》の目標《もくひょう》「SDGs《エス・ディー・ジーズ》（持続《じぞく》可能《かのう》な開発《かいはつ》目標《もくひょう》）」のひとつになっています。

SDGs《エス・ディー・ジーズ》には「だれひとり取《と》り残《のこ》さない社会《しゃかい》を実現《じつげん》する」という理念《りねん》があります。SDGs《エス・ディー・ジーズ》の大事《だいじ》な柱《はしら》は、すべての人《ひと》が幸《しあわ》せに生《い》きられるようにすること、すなわち人権《じんけん》なのです。

そんなSDGs《エス・ディー・ジーズ》の5番目《ばんめ》の目標《もくひょう》が「ジェンダー平等《びょうどう》を実現《じつげん》しよう」です。そのために下《した》のような具体的《ぐたいてき》な目標《もくひょう》をかかげています。この本《ほん》のシリーズでは、このなかの2と6について学《まな》びます。

SDGs《エス・ディー・ジーズ》の目標《もくひょう》に日本《にほん》がどれだけ近《ちか》づいているかの報告《ほうこく》（2024年《ねん》）を見《み》ると、17個《こ》ある目標《もくひょう》のうち、実現《じつげん》できていないもののひとつが「ジェンダー平等《びょうどう》を実現《じつげん》しよう」で、深刻《しんこく》な課《か》題《だい》があるとされています。性別《せいべつ》にかかわらず、だれもが平等《びょうどう》で生《い》きやすい社《しゃ》会《かい》を作《つく》るには何《なに》ができるか、学《まな》びあい、取《と》り組《く》んでいきましょう。

ジェンダー平等《びょうどう》を実現《じつげん》するための目標《もくひょう》

1
すべての女性《じょせい》と女《おんな》の子《こ》に対《たい》する、あらゆる場所《ばしょ》でのすべての差別《さべつ》をなくす

2
社会《しゃかい》や家庭《かてい》などにおけるすべての女性《じょせい》と女《おんな》の子《こ》に対《たい》する暴力《ぼうりょく》（人身売買《じんしんばいばい》、性的搾取《せいてきさくしゅ》、その他《た》の搾取《さくしゅ》を含《ふく》む）の全部《ぜんぶ》をなくす

3
子《こ》どもの結婚《けっこん》、早《はや》すぎる結婚《けっこん》、強制的《きょうせいてき》な結婚《けっこん》、女性性器切除《じょせいせいきせつじょ》（女性《じょせい》の性器《せいき》の一部《いちぶ》または全体《ぜんたい》を切《き》りとる習《なら》わし）など、有害《ゆうがい》な習《なら》わしをすべてなくす

4
無給《むきゅう》の家庭《かてい》での育児《いくじ》や介護《かいご》、家事《かじ》など（ケア労働《ろうどう》）をちゃんと評価《ひょうか》すること。そのための社会《しゃかい》の仕組《しく》みをつくる

5
政治《せいじ》や経済《けいざい》、そのほか社会《しゃかい》のなかで物事《ものごと》を決《き》めるすべてのときに、女性《じょせい》も男性《だんせい》と平等《びょうどう》に参加《さんか》したり、リーダーになったりすることができるようにする

6
これまでの国際的《こくさいてき》な会議《かいぎ》で決《き》めたことにしたがって、すべての人のSRHR《エスアールエイチアール》※（性《せい》と生殖《せいしょく》に関《かん》する健康《けんこう》と権利《けんり》）があたり前《まえ》に守《まも》られるようにする

※SRHR《エスアールエイチアール》…Sexual《セクシャル》 and《アンド》 Reproductive《リプロダクティブ》 Health《ヘルス》 and《アンド》 Rights《ライツ》

※性《せい》と生殖《せいしょく》に関《かん》する健康《けんこう》と権利《けんり》とは…
体《からだ》の権利《けんり》（8～9ページ）に加《くわ》え、自分《じぶん》の性的指向《せいてきしこう》、性的行動《せいてきこうどう》をとるかとらないか、だれをパートナーにするか、いつだれと結婚《けっこん》するか・しないか、子《こ》どもをもつかどうかなどを自由《じゆう》に選《えら》べること。そのための情報《じょうほう》や支援《しえん》を受《う》けられ、どんなときも暴力《ぼうりょく》や差別《さべつ》を受《う》けないこと

ここでは5-a、b、cは省略《しょうりゃく》しています

困《こま》ったら、まずは
話《はな》してみましょう

あなたを助《たす》けてくれる 相《そう》談《だん》窓《まど》口《ぐち》

いやなことや、SNS《エスエヌエス》などで困《こま》ったことが起《お》きたときに相談《そうだん》するのは当然《とうぜん》の権利《けんり》で、解決《かいけつ》につながる最初《さいしょ》の一歩《いっぽ》です。ここで紹介《しょうかい》している窓口《まどぐち》では、専門家《せんもんか》がやさしく相談《そうだん》にのってくれます。ほかの人《ひと》に知《し》られたくないときは、そう伝《つた》えれば秘密《ひみつ》がもれることはありません。

※QR《キューアール》コードは、ウェブサイトのアドレスが変《か》わるなどで読《よ》みこめないことがあります。その場合《ばあい》は、名称《めいしょう》で検索《けんさく》してください。

性《せい》暴《ぼう》力《りょく》のなやみ

性犯罪《せいはんざい》・性暴力被害者《せいぼうりょくひがいしゃ》のためのワンストップ支援《しえん》センター （内閣府《ないかくふ》）	TEL #8891《はやくワンストップ》 ※24時間対応《じかんたいおう》	近《ちか》くのワンストップ支援《しえん》センターにつながります。病院《びょういん》や警察《けいさつ》へのつきそい、カウンセリング、法律相談《ほうりつそうだん》など、性被害《せいひがい》に必要《ひつよう》な対応《たいおう》をすべて行《おこな》ってくれる施設《しせつ》です。
性犯罪被害相談電話《せいはんざいひがいそうだんでんわ》 （警察庁《けいさつちょう》）	TEL #8103《ハートさん》 ※24時間対応《じかんたいおう》	近《ちか》くの専門相談窓口《せんもんそうだんまどぐち》につながります。
Curetime《キュアタイム》（内閣府《ないかくふ》） チャット・メールのみ	https://curetime.jp/ ※午後《ごご》5～9時《じ》	デートDV《ディーブイ》などの性暴力《せいぼうりょく》のなやみを、匿名《とくめい》で相談《そうだん》できます。

被害《ひがい》を受《う》けたら
「110番《ばん》」
困《こま》ったときは
警察《けいさつ》に連絡《れんらく》しましょう

ちかんにあったとき、SNS《エスエヌエス》に写真《しゃしん》がさらされたとき、「いやだ、困《こま》った」と感《かん》じたときには、警察《けいさつ》に相談《そうだん》しましょう。「こんなことで相談《そうだん》していいの？」と思《おも》うようなことが、実《じつ》は大《おお》きな事件《じけん》だったりします。警察《けいさつ》では、どんなことでも親身《しんみ》になって解決《かいけつ》の道《みち》をさがしてくれるので心配《しんぱい》ありません。おまわりさんはこわくありません。思《おも》い切《き》って話《はな》してみましょう。

弁護士《べんごし》 上谷《かみたに》さくら先生《せんせい》

困《こま》ったこと・なやみごとなんでもOK《オーケー》

24時間《じかん》子《こ》どもSOS《エスオーエス》ダイヤル （文部科学省《もんぶかがくしょう》）	TEL 0120-0-78310《なやみいおう》 ※24時間対応《じかんたいおう》	暴力《ぼうりょく》やいじめのことなど、困《こま》ったことがあったら、なんでも相談《そうだん》できます。
チャイルドライン **チャットでも**	TEL 0120-99-7777 ※午後《ごご》4～9時《じ》 https://childline.or.jp/chat/	18歳《さい》までの子《こ》どもなら、だれでもなんでも相談《そうだん》できます。
子《こ》どもの人権《じんけん》110番《ばん》 （法務省《ほうむしょう》）	TEL 0120-007-110 ※午前《ごぜん》8時《じ》30分《ぷん》～午後《ごご》5時《じ》15分《ふん》 ※一部《いちぶ》のIP《アイピー》電話《でんわ》からは接続《せつぞく》できない	いじめやデートDV《ディーブイ》、ぎゃくたいなど、学校《がっこう》や家《いえ》でのなやみをなんでも相談《そうだん》できます。
児童相談所相談専用《じどうそうだんじょそうだんせんよう》ダイヤル	TEL 0120-189-783《いちはやく おなやみを》	親《おや》や先生《せんせい》からの暴力《ぼうりょく》やいじめのことなど、困《こま》ったことが起《お》きたときに助《たす》けてくれます。

インターネットやSNS《エスエヌエス》でのなやみ

特定非営利活動法人《とくていひえいりかつどうほうじん》 ぱっぷす	https://www.paps.jp/ ホームページからメールか電話《でんわ》で相談《そうだん》できる	ネットにさらされた画像《がぞう》や映像《えいぞう》の削除請求《さくじょせいきゅう》に取《と》り組《く》んでいる団体《だんたい》。セクストーション、性的《せいてき》な盗撮《とうさつ》、リベンジポルノなどの相談《そうだん》にのってくれます。
違法《いほう》・有害情報相談《ゆうがいじょうほうそうだん》センター （総務省《そうむしょう》）	https://ihaho.jp/ ホームページからメールで相談《そうだん》できる	ネットにさらされた写真《しゃしん》や情報《じょうほう》を消《け》したい、いやな書《か》きこみをされたなどのネットトラブル専門《せんもん》の窓口《まどぐち》です。主《おも》に相談者自身《そうだんしゃじしん》が削除依頼《さくじょいらい》する方法《ほうほう》などを教《おし》えてくれます。

監修

艮 香織　うしとら かおり

宇都宮大学共同教育学部准教授、一般社団法人“人間と性”教育研究協議会幹事。研究テーマは性教育、人権教育。著書に『人間と性の絵本』4巻、5巻（大月書店、2022年）、共編『実践　包括的性教育』（エイデル研究所、2022年）、『からだの権利教育入門幼児・学童編 生命の安全教育の課題を踏まえて』（子どもの未来社、2022年）など。

協　力……………… 一般社団法人Spring

表紙イラスト……… 佳奈
本文イラスト……… こにしかえ
漫　画……………… ユリカ
デザイン…………… 株式会社モノクリ（神宮雄樹、荒牧洋子）
ＤＴＰ……………… 有限会社ゼスト
校　正……………… 齋藤のぞみ
編　集……………… 株式会社スリーシーズン（奈田和子、土屋まり子）

指導（五十音順）

遠藤 真紀子　えんどう まきこ

東京学芸大学附属世田谷中学校養護教諭。「生命の安全教育」では、講師に3名の専門家を招いた講演会を企画し、中学生とその保護者それぞれを対象に実施している。

上谷 さくら　かみたに さくら

弁護士（第一東京弁護士会所属）。犯罪被害者支援弁護士フォーラム事務次長。第一東京弁護士会犯罪被害者に関する委員会委員。保護司。

早乙女 祥子　さおとめ しょうこ

一般社団法人Spring共同代表。性被害当事者が生きやすい社会の実現に向けて、当事者の声を政策決定の場に届けるロビイング活動や啓発などを行う。

杉浦 恵美子　すぎうら えみこ

東京学芸大学附属世田谷中学校スクールカウンセラー。公認心理師。臨床心理士。修士（心理学）。

あなたの心と体を守る
性の知識 1 ～生命の安全教育～
自分を守るために大切なこと

発行　2025年4月　第1刷

監　修……………… 艮 香織
発行者……………… 加藤 裕樹
編　集……………… 小林 真理菜
発行所……………… 株式会社ポプラ社
〒141-8210　東京都品川区西五反田3-5-8
JR目黒MARCビル12階
ホームページ　www.poplar.co.jp（ポプラ社）
kodomottolab.poplar.co.jp（こどもっとラボ）

あそびをもっと、まなびをもっと。こどもっとラボ

印刷・製本………… 今井印刷株式会社

ISBN978-4-591-18496-7　N.D.C.367　39p　28cm

あなたの心と体を守る

性の知識 全3巻

～生命の安全教育～

監修 艮 香織

1 自分を守るために大切なこと

2 加害者・被害者・傍観者にならないために

3 つらいことがあったときに

小学校高学年～中学生向き
セットN.D.C.368
A4変型判　オールカラー
各39ページ

図書館用特別堅牢製本図書